AFR...

THEMATIC VOCABULARY
AND
SHORT STORIES

ELVIN ALLAZOV

www.lingvora.com

Copyright © 2021 by Lingvora Books

ISBN 9798743331949

Extra Graphic Material From:
www.shutterstock.com

Published 2021

Afrikaans: Thematic Vocabulary and Short Stories

Master the words and reading for confident communication.

Audio files

Click on the book and scroll down to find the audio files section at the platform www.lingvora.com.

Bilingual Books

Afrikaans: Thematic Vocabulary and Short Stories
Afrikaans: Real-Life Conversations for Beginners

About Lingvora

We develop various books and ancillary resources for minds of all ages, with a mission to develop the skills, knowledge, and attitudes needed to function in an interconnected world. Lingvora also offers a variety of engaging, small-group classes online in the form of live or self-learning boot camps. We are constantly upgrading and developing new educational products. Hence, we highly appreciate your support by leaving us a positive review in case you find the resource helpful, encouraging us to create new digital and paper resources further. In case you have any feedback or interesting thoughts on further development or partnership, please feel free to contact us via educational platform.

CONTENT

Reading is an entertaining and truly effective way to learn a new language. The problem is, when you are starting out with a new language, it can be difficult to look for suitable reading materials. Either you down in a sea of vocabulary you do not understand, or you get lost in lengthy story. Both can render the entire activity useless and a total waste of time.

This book consists of both theme-based vocabulary and short stories.

The vocabulary in this book is categorized under different themes. The theme-based vocabulary can serve as your main database to aid foreign-language acquisition and enhance your reading comprehension. Each theme groups together many different words relating to categorized topics, which helps learners of Afrikaans conveniently find words that are related by topic. The words on each page are placed in three columns: a word in English, its Afrikaans translation and space for writing practice. Such positioning allows for the use of techniques for effective memorization. At the end of each grouped thematic words, matching exercise is provided on purpose to help you memorize the words faster.

12-week schedule for learning the vocabulary

The whole vocabulary is categorized under the 12 main themes. We have created the weekly schedule consisting of the words from the same theme-group of words. They are staged at the end of each theme-group. In case you may want to learn 10 words per day, weekly schedule can be helpful to you. Here you need to find those words and write their translations on your language planner. By this method, you learn 1,2000 words in 3-months.

The vocabulary is intended to help you learn, memorize and review foreign words

- The vocabulary contains around 1,500 commonly used words
- Recommended as additional support material
- Meet the needs of both beginners and advanced learners
- Convenient for daily use and reviewing sessions
- Allows you assess your current vocabulary

It contains topics like **personal information, accommodation, environment, business, transportation, education, health, bureau, society and politics, entertainment, food and general words**. All topics has its own division of words based on themes that make total 45 themes.

The *short stories* part contains 10 Afrikaans stories designed to help you improve your reading and listening skills, and learn new vocabulary easily. They are written for beginner to pre-intermediate levels (A1-B1 on the Common European Framework of Reference). It will also be useful for more advanced learners as a way of practicing their reading skills and comprehension of the Afrikaans language.

Special learning aids to help support your understanding including:

- **Vocabulary lists** to help you understand unfamiliar words more easily. These words are bolded in the story and translated after each chapter. The vocabulary for the book builds in all stories to help you expand your vocabulary the more you read!
- **Comprehensive writing and speaking questions** to test your understanding of points in the story and to encourage you to read in more detail.

The stories have been arranged according to their degree of difficulty and each story is accompanied by several vocabulary sections inside the stories and story related questions. Boost your progress by using the exercises at the end of each story to practice writing and speaking skills.

Free sound tracks of short stories in mp3 format:

This book contains free mp3 of short stories. You can find the mp3 files at web platform www.lingvora.com. Each story is recorded in understandable speed so that you can easily follow the pronounciation of words in stories.

Afrikaans, also previously referred as Cape Dutch, belongs to West Germanic branch of the Indo-European family. It is third most spoken language in South Africa (around 14% of the population). In Namibia, the language is widely spoken as a second language and while as a native language it is spoken in 11 percent of population. Afrikaans is also spoken in Botswana, Lesotho, Malawi, Namibia, Swaziland and Zambia.

Historically, it is a daughter language of Dutch. There is a large degree of mutual intelligibility between Dutch and Afrikaans. Although Afrikaans adopted words from languages such as Malay, Portuguese, the Bantu languages, and the Khoisan languages. It is estimated 90 to 95 percent of Afrikaans vocabulary consist of Dutch origin. Afrikaans has the following mutually intelligible dialects:

Cape Afrikaans	Orange River Afrikaans	East Cape Afrikaans
influenced by the language of Malay slaves who spoke a Portuguese-based pidgin.	influenced by the neigboring Khoi languages.	developed as a result of contact between Dutch and English settlers and the Xhosa tribes of Southern and Easter Cape areas.

The Afrikaans alphabet consists of 26 letters, 20 consonants and 6 vowels. There are different combinations and pronunciations exist in Afrikaans.

Letter	Name of Letter	Example
a	[aa]	Amsertdam
b	[bee]	as in basket
c	[see]	as in sea
d	[dee]	as in dull, tea
e	[ee]	as in pen
f	[ef]	as in food
g	[gee]	guttural Bach
h	[haa]	as in house
i	[ie]	as in seek, sit
j	[jee]	as in yellow, yet
k	[kaa]	as in brick
l	[el]	as in lamp
m	[em]	as in mountain
n	[en]	as in novel
o	[oo]	as in open
p	[pee]	as in pen
q	[kuu]	as in question

r	[er]	as in **r**ain
s	[es]	as in **s**ea
t	[tee]	as in **t**ree
u	[u]	as in b**oo**t
v	[vee]	like in **v**ocal
w	[wee]	like in **w**orld, **v**iolen
x	[ex]	as in ta**x**
y	[y]	as in English 'ay'
z	[set]	**z**oom

VOWELS AND DIPHTONGS

Short and Long Vowels:

The full vowel list is **a, e, i, o, u**. They can be pronounced both long or short:

short	a [ɑ]	e [ɛ]	i [ɪ]	o [ɔ]	u [ʏ]
long	aa [a]	ee [e]	ie [i]	oo [o]	uu [y]

One may ask a question how we know whether a vowel is short or long vowel. By dividing the word into syllable, we can find out the position of the vowel.

Rule: the syllable ends in a vowel, the vowel pronunciation is long; the syllable ends in a consonant, the vowel pronunciation is short. For example: the A in *kase* (ka-se) would be long, and the A in *kaste* (kas-te) would be short. There is no double 'ii', so 'ie' is used to represent the long 'i'.

Short		Long	
A	tak-ke	AA	ta-ke
E	let-ter	EE	re-pe
I	min-ste	IE	mi-nus
O	bot-te	OO	bo-te
U	rus-tig	UU	mu-re

Diphtongs with i-ending:

Sound pair	Examples (mix real and fake words)		
AI	raai	laai	baie
AAI	kraai	ontlaai	bebaai
OI	mooi	noi	ontnoi
OOI	kooi	rooie	hooi
OEI	moei	boei	roeier
UI	ruimte	buite	fortuin

Diphtongs without i-ending:

Sound pair	Examples		
OE	boek	loep	voet
EEU	sneeu	leeue	meeu
OU	koue	tou	skou

Vowel diacritics:

The vowels with diacritics in non-loanword Afrikaans are: á, é, è, ê, ë, í, î, ï, ó, ô, ú, û, ý. These letters are pronounced the same way as their non-diacritic counterparts in isolation.

The accute accent:

The acute accent is used to place emphasis on any given word, i.e.:

Dít is jou boek.
Dit is jou bóék.

The grave accent:

The grave accent is used virtually exclusively on certain words, i.e.:

nòg...nòg   (*neither....nor*)
òf.....òf   (*whether....or whether*)

The diereses:

The dieresis separates two vowels that would otherwise be pronounced together. It marks the start of a new syllabl, e.g.: *naïf, mikroörganisme* etc.

The circumflex:

The circumflex is placed over any vowel that has an unusual pronunciation, e.g.: *skêr, wêreld*

Initial apostrophes:

Out of apostrophed words **'t, 'k, 'n,** the most common is **'n**. **'n equates to an indefinite article the same way as the English** 'a' as in '**a** cat' or '**a** table'. When it comes at the start of the sentence, **'n** is never written in upper case. Instead the word that follows will receive an upper case letter.

'n Man loop daar.   *A man walks there.*
Daar is **'n** man.   *There is a man.*

THEMATIC
VOCABULARY

1. PERSONAL INFORMATION

1.1 Personal Information | Persoonlike Inligting

English	Afrikaands	Writing Practice
address	adres	
adult	volwassene	
age	ouderdom	
birthday	verjaarsdag	
boy	seun	
childhood	kinderjare	
employed	aangestel	
feminine	vroulik	
girl	meisie	
he	hy	
height	lengte	
her	sy	
his	syne	
I, me	ek	
ID card	ID-kaart	

English	Afrikaans	
identity	identiteit	
information	inligting	
it	dit	
lady	dame	
man	man	
married	getroud	
married couple	getroude paartjie	
Mr.	Meneer	
Ms./Mrs.	Mevrou	
name	naam	
person	persoon	
preference	voorkeur	
sex, gender	geslag	
she	sy	
status	status	
that	daardie	
to divorce	skei	
to live	leef	
to marry	trou	

English	Afrikaans	Writing Practice
unemployed	werkloos	
we	ons	
weight	gewig	
wife	vrou	
woman	vrou	
you	jy	
young lady	jong dame	
youth	jeug	

1.2 Citizenship and Nationality | Burgerskap en Nasionaliteit

English	Afrikaans	Writing Practice
Arabic	Arabies	
British	Brits	
capital	hoofstad	
citizenship	burgerskap	
city	stad	
country	land	
English	Engels	

foreigner	buitelander	
French	Frans	
Georgia	Georgië	
German	Duits	
Greek	Grieks	
home	huis	
homeland	vaderland	
nation	nasie	
nationality	nasionaliteit	
original	oorspronklik	
Russia	Rusland	
Russian	Russies	
state	staat	
Turkey	Turkye	
Turkish	Turks	
USA	VSA	
village	dorpie	

1.3 Family │ Familie

English	Afrikaans	Writing Practice
aunt	tannie	
baby	baba	
birth	geboorte	
brother	broer	
child	kind	
family	gesin	
father	vader	
generation	generasie	
grandmother	ouma	
husband	man	
marriage	huwelik	
member	lid	
milieu	milieu	
mother	moeder	
parents	ouers	
partner	maat	
relative	familielid	

English	Afrikaans	Writing Practice
siblings	sibbe	
sister	suster	
son	seun	
success	sukses	
teenager	tiener	
to bring up	om groot te maak	
to grow up	om groot te word	
to leave	verlaat	
to pay attention	aandag skenk	
to take care	versorg	
uncle	oom	
workday	werksdag	

1.4 External Appearance | Eksterne voorkoms

English	Afrikaans	Writing Practice
appearance	voorkoms	
attractive	aantreklik	
beautiful	mooi	
big	groot	

blond	blond	
enormous	reuse	
face	gesig	
figure	figuur	
glasses	bril	
hair	hare	
large	groot	
neat	netjies	
normal	normaal	
overweight	oorgewig	
perfect	perfek	
pretty (female)	mooi	
shape	vorm	
slim	skraal	
small, little	klein	
strong	sterk	
thick	dik	
thin	dun	

English	Afrikaans	
to appear	kom voor	
ugly	lelik	

1.5 Character | Karakter

English	Afrikaans	Writing Practice
amusing	vermaaklik	
behaviour	gedrag	
belief	geloof	
calm	kalm	
character	karakter	
cheerful	vrolik	
clever	slim	
confidential	vertroulik	
conservative	konserwatief	
crazy	mal	
dear	kosbaar	
discreet	diskreet	
dynamic	dinamies	
faithful	getrou	

generous	vrygewig	
happy	gelukkig	
helpless	hulpeloos	
honest	eerlik	
human	mens	
intellectual	intellektueel	
intelligence	intelligensie	
intelligent	intelligent	
kind	goedhartig	
modest	beskeie	
nice	aangenaam	
open	oop	
optimistic	optimisties	
patience	geduld	
personality	persoonlikheid	
proud	trots	
quiet	stil	
reason	rede	
sensitive	sensitief	

English	Afrikaans	Writing Practice
serious	ernstig	
soft	sag	
strange	eienaardig	
stupid	dom	
thoughtful	bedagsaam	
to be confused	deurmekaar	
to behave	gedra	
to believe	glo	
to characterize	karakteriseer	
type, kind of	tipe	
uncertain	onseker	
uncertainty	onsekerheid	
version	weergawe	

1.6 Interests and Hobbies │ Belangstellings en Stokperdjies

English	Afrikaans	Writing Practice
active	aktief	
activity	aktiwiteit	

capability	vermoë
creative	kreatief
creativity	kreatiwiteit
desire	begeerte
enthusiasm	entoesiasme
hobby	stokperdjie
imagination	verbeelding
interest	belangstelling
interesting	interessant
music	musiek
passion	passie
peace (silence)	vrede
photograph	foto
plan	plan
regular	gereeld
rhythm	ritme
shape	vorm
song	liedjie
sound	klank

22

spare time	vrye tyd	
talent	talent	
to be busy with	besig mee wees	
to carry out	uitvoer	
to change	verander	
to collect	versamel	
to draw	teken	
to go for a walk	stap	
to inspire	inspireer	
to paint	verf	
to play	speel	
to please	tevrede stel	
to prefer	verkies	
to sing	sing	
to try out	probeer	
to watch	kyk	
tone	toon	

1.7 Religion | Geloof

English	Afrikaans	Writing Practice
angel	engel	
Catholic	Katoliek	
Christian	Christen	
church	kerk	
community	gemeenskap	
cross	kruis	
devil	duiwel	
faith	geloof	
fate	noodlot	
god	god	
Islam	Islam	
Jew	Jood	
mind	verstand	
miracle	wonderwerk	
Muslim	Moslem	
priest	priester	
religion	geloof	

religious	gelowig	
soul	siel	
to belong	behoort	
to pray	bid	
tradition	tradisie	
traditional	tradisioneel	

Let's do exercise on words!

1. Try to match each word to its English translation.

persoon	• to marry
stad	• gender
geslag	• wife
Duits	• youth
trou	• person
nasie	• weight
dorpie	• address
familielid	• childhood
land	• nation
vrou	• country
gewig	• city
Frans	• German
buitelander	• French
suster	• village
ouer	• capital
jeug	• foreigner
broer	• relative
adres	• sister
hoofstad	• brother
kinderjare	• parent

2. Solve the crossword puzzle by translating the given words.

						4↓	
			2↓				
				3↓			
	1→					5↓	

1. female

2. big

3. small

4. face

5. church

				3↓			
						5↓	
					4↓		
	1→ 2↓						

1. marriage

2. hair

3. angel

4. blond

5. glasses

Week 1: Vocabulary Schedule

DAY 1	DAY 2	DAY 3	DAY 4
adress	his	person	Arabic
adult	I	preference	British
age	ID card	status	capital
birthday	identity	to divorce	citizenship
boy	information	to live	city
childhood	lady	to marry	country
female	man	unemployed	foreigner
girl	married	we	French
he	married couple	weight	Georgia
height	name	wife	German

DAY 5	DAY 6	DAY 7	Completion check
nation	aunt	marriage	Day 1 ☐
nationality	miracle	member	Day 2 ☐
Russia	baby	mother	Day 3 ☐
Russian	birth	parents	Day 4 ☐
state	brother	relative	Day 5 ☐
Turkey	child	siblings	Day 6 ☐
Turkish	family	sister	Day 7 ☐
village	father	son	
homeland	grandmother	success	
USA	husband	to bring up	

2. ACCOMMODATION

2.1 House | Huis

English	Afrikaans	Writing Practice
celler	kelder	
district	distrik	
equipment	toerusting	
landlord	verhuurder	
object	objek	
owner	eienaar	
plot of land	erf	
rent	huur	
tenant	huurder	
to move in	intrek	
to surround	omring	
to use	gebruik	
villa	villa	

2.2 Room and Facilities │ Kamer en Geriewe

English	Afrikaans	Writing Practice
bathroom	badkamer	
benefit	voordeel	
cabinet	kabinet	
candle	kers	
carpet	mat	
ceiling	plafon	
clean	skoon	
clock	klok	
coal	steenkool	
comfortable	gemaklik	
corridor	gang	
curtain	gordyn	
door	deur	
dry	droog	
dust	stof	
entrance	ingang	
furniture	meubels	

gas	gas	
heat	hitte	
heating	verwarming	
hole	gat	
house	huis	
hot	warm	
key	sleutel	
kitchen	kombuis	
lamp	lamp	
laundry	wasgoed	
living room	sitkamer	
mirror	spieël	
oven	oond	
protection	beskerming	
room	kamer	
thing	ding	
to clear	opruim	
to close	toemaak	
to complete	voltooi	

to delay	vertraag	
to enter	binnegaan	
to exit	uitgaan	
to furnish	meubileer	
to install	installeer	
to keep	hou	
to open	oopmaak	
to store	stoor	
to switch on	aansit	
to tide up	opruim	
trash	vullis	
trash can	asdrom	
wall	muur	
window	venster	

Let's do vocabulary exercise!

1. Try to match each word to its English translation.

ding	• electricity
prentjie	• equipment
droog	• landlord
oond	• owner
elektrisiteit	• thing
kombuis	• protection
gemaklik	• heat
sleutel	• picture
badkamer	• kitchen
voordeel	• dry
eienaar	• comfortable
toerusting	• oven
beskerming	• coal
steenkool	• key
hitte	• bathroom
verhuurder	• benefit

2. Solve the crossword puzzle by translating the given words.

		3↓					
	2↓					5↓	
	1→		4↓				

1. kitchen
2. clean
3. dust
4. carpet
5. house

					3↓		5↓
			2↓			4↓	
	1→						

1. key
2. door
3. hole
4. candle
5. celler

Week 2: Vocabulary Schedule

DAY 1	DAY 2	DAY 3	DAY 4
bathroom	door	laundry	agriculture
benefit	dry	living room	castle
cabinet	dust	mirror	centre
candle	furniture	oven	city
carpet	gas	room	city centre
ceiling	hole	good	industry
clean	glass	to close	location
clock	key	to delay	park
comfortable	kitchen	to exit	region
curtain	lamp	trash	to create

DAY 5	DAY 6	DAY 7	Completion check
beach	mountain	soil	Day 1 ☐
canal	nature	stone	Day 2 ☐
continent	ocean	to flow	Day 3 ☐
desert	peak	to reflect	Day 4 ☐
earth	plain	to rise	Day 5 ☐
field	river	to shine	Day 6 ☐
forest	rock	water	Day 7 ☐
hill	sand	wave	
island	sea	planet	
lake	shore	view	

3. ENVIRONMENT

3.1 City and Country | Stad en Land

English	Afrikaans	Writing Practice
agriculture	landbou	
castle	kasteel	
centre	middel	
city	stad	
city centre	middestad	
industry	industrie	
location	ligging	
park	park	
region	streek	
to create	skep	

3.2 Landscape | Landskap

English	Afrikaans	Writing Practice
shore	kus	
peak	piek	

water	water	
wave	brander	
plain	vlakte	
mountain	berg	
soil	grond	
stone	klip	
canal	kanaal	
continent	kontinent	
forest	woud	
sea	see	
lake	meer	
ocean	oseaan	
island	eiland	
to reflect	reflekteer	
sand	sand	
earth	aarde	
beach	strand	
to rise	styg	
field	veld	

English	Afrikaans	Writing Practice
nature	natuur	
desert	woestyn	
to extend	uitbrei	
river	rivier	
to shine	skyn	
countryside	platteland	
rock	rots	
to flow	vloei	
hill	heuwel	

3.3 Climate and Weather | Klimaat en Weer

English	Afrikaans	Writing Practice
air	lug	
atmosphere	atmosfeer	
catastrophe	katastrofe	
celsius	celsius	
climate	klimaat	
cloud	wolk	
constant	konstant	

English	Afrikaans	
constant	konstant	
darkness	duisternis	
degree	graad	
fog	mis	
fresh	vars	
light	lig	
mild	matig	
moon	maan	
planet	planeet	
pleasant	aangenaam	
probability	waarskynlikheid	
radiation	straling	
rain	reën	
shadow	skaduwee	
shine	skyn	
size	grootte	
sky	lug	
snow	sneeu	
star	ster	

English	Afrikaans	Writing Practice
storm	storm	
sun	son	
temperature	temperatuur	
to change	verander	
to dry	droogmaak	
to stop	stop	
unpleasant	onaangenaam	
view	uitsig	
wet	nat	
wind	wind	

3.4 Animals and Plants | Diere en Plante

English	Afrikaans	Writing Practice
animal	dier	
bear	beer	
biological	biologies	
bird	voël	
blossom	bloeisel	
cat	kat	

cell	sel	
classification	klassifikasie	
cow	koei	
dog	hond	
environment	omgewing	
flower	blom	
horse	perd	
indigenous	inheems	
leaf	blaar	
mouse	muis	
organism	organisme	
pig	vark	
plant	plant	
preservation	bewaring	
root	wortel	
rose	roos	
snake	slang	
substance	stof	
to eat	eet	

to grow	groei	
to open	oopmaak	
to originate	ontstaan	
to protect	beskerm	
tree	boom	
type, kind	tipe	
wild	wild	
wing	vlerk	
wood	hout	

Let's do vocabulary exercise!

1. Try to match each word to its English translation.

blaar	island
piek	wood
graad	leaf
weer	cell
kus	to develop
slang	fog
groei	peak
woud	snake
mis	continent
sel	shore
middel	degree
hout	wheather
boom	sea
dier	to grow
duisternis	forest
see	darkness
eiland	centre
kontinent	tree
ontwikkel	animal

2. Solve the crossword puzzle by translating the given words.

1. castle
2. fresh
3. city
4. mountain
5. sky

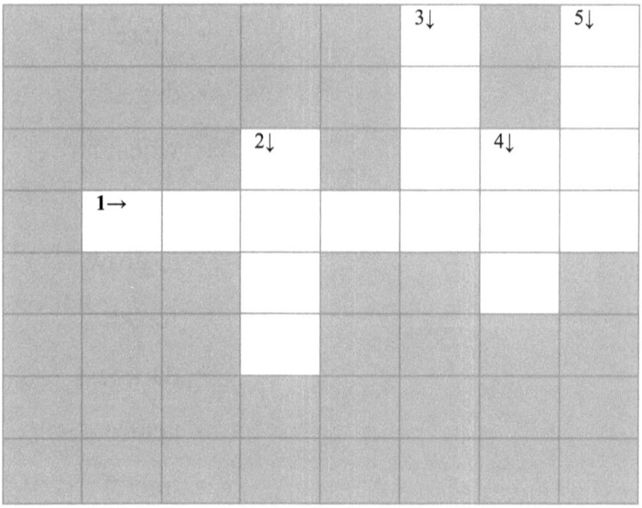

1. wave
2. moon
3. forest
4. see
5. lake

Week 3: Vocabulary Schedule

DAY 1	DAY 2	DAY 3	DAY 4
air	mild	storm	animal
atmosphere	moon	sun	bear
disaster	pleasant	temperature	biological
celsius	radiation	to change	bird
climate	rain	to dry	blossom
cloud	shadow	to stop	cat
constant	shine	unpleasent	cell
darkness	sky	tropic	classification
fog	snow	wet	cow
light	star	wind	dog

DAY 5	DAY 6	DAY 7	Completion check
environment	rose	available	Day 1 ☐
flower	snake	buyer	Day 2 ☐
horse	substance	selection	Day 3 ☐
native	to eat	customer	Day 4 ☐
leaf	to grow	list	Day 5 ☐
mouse	to protect	market	Day 6 ☐
organism	tree	fund	Day 7 ☐
pig	wild	sale	
plant	wing	shop	
protection	wood	to choose	

4. BUSINESS

4.1 Purchase and Sale │ Aankoop en Verkoop

English	Afrikaans	Writing Practice
available	beskikbaar	
buyer	koper	
choice	keuse	
customer	kliënt	
list	lys	
market	mark	
remaining (money)	oorblywende	
sale	uitverkoping	
shop	winkel	
to choose	kies	
to line up	staan in 'n ry	
to offer	aanbied	
to pay	betaal	
to purchase	koop	
to recommend	aanbeveel	

to return	terugbring	
to sell	verkoop	
to take care	versorg	
transaction	transaksie	
various	verskeie	

4.2 Price and Money | Prys en Geld

English	Afrikaans	Writing Practice
amount	bedrag	
appropriate	gepas	
bill	rekening	
cheap	goedkoop	
credit	krediet	
currency	geldeenheid	
expenditure	uitgawes	
financial	finansiële	
finance	finansies	
money	geld	
payment	betaling	

price	prys	
to be sufficient	voldoende	
to determine	bepaal	
to give	gee	
to save	spaar	

4.3 Business | Besigheid

English	Afrikaans	Writing Practice
business	besigheid	
competition	kompetisie	
demand	aanvraag	
entrepreuner	ondernemer	
entrepreunership	entrepreneurskap	
income	inkomste	
loss	verlies	
product	produk	
profit	wins	
receipt	kwitansie	
supplier	verskaffer	

tax	belasting	
to be worthy	waardig	
to invest	belê	
to start	begin	
trade	handel dryf	
turnover (sales)	omset (verkope)	

4.4 Clothes | Klere

English	Afrikaans	Writing Practice
additional	bykomend	
bag	sak	
clothes	klere	
dirty	vuil	
dress	rok	
fashion	mode	
hat	hoed	
high-quality	gehalte	
identical	identies	

material	materiaal	
pair	paar	
pants	broek	
quality	kwaliteit	
ring	ring	
shirt	hemp	
shoe	skoen	
skirt	romp	
suit	pak	
synthetic	sintetiese	
tissue	sneesdoekie	
to carry	dra	
to dress	aantrek	
to tear	skeur	

Let's do vocabulary exercise!

1. Try to match each word to its English translation.

identies	• amount
broek	• demand
bedrag	• identical
kwaliteit	• pants
verlies	• supplier
bepaal	• product
aanvraag	• payment
produk	• shop
prys	• ring
terugkeur	• income
krediet	• to determine
verskaffer	• price
sinteties	• quality
vuil	• loss
ring	• to return
geldeenheid	• dirty
winkel	• synthetic
inkomste	• credit
betaling	• currency

2. Solve the crossword puzzle by translating the given words.

						5↓	
					4↓		
	2↓		3↓				
	1→						

1. credit

2. shoe

3. shirt

4. dirty

5. fashion

		2↓					
					4↓		
	1→		3↓				5↓

1. loss

2. hat

3. dress

4. ring

5. bag

Week 4: Vocabulary Schedule

DAY 1	DAY 2	DAY 3	DAY 4
to line up	amount	price	income
to offer	suitable	to be sufficient	loss
to pay	bill	to determine	product
to purchase	cheap	to give	profit
to recommend	cost; expense	to save	receipt
to return	credit	business	supplier
to sell	currency	competition	tax
to manage	finance	demand	to invest
transaction	money	enterpreuner	trade
various	payment	enterpreunership	turnover

DAY 5	DAY 6	DAY 7	Completion check
bag	quality	accident	Day 1 ☐
clothes	ring	airplane	Day 2 ☐
dirty	shirt	airport	Day 3 ☐
dress	shoe	battery	Day 4 ☐
fashion	skirt	bycicle	Day 5 ☐
hat	suit	boat	Day 6 ☐
identical	synthetic	bridge	Day 7 ☐
material	to carry	bus	
pair	to dress	car	
pants	to tear	caution	

5. TRANSPORTATION

5.1 Transportation | Vervoer

English	Afrikaans	Writing Practice
accident	ongeluk	
airplane	vliegtuig	
airport	lughawe	
battery	battery	
bicycle	fiets	
boat	boot	
bridge	brug	
bus	bus	
car	kar	
caution	waarskuwing	
connection	konneksie	
contact	kontak	
damage	skade	
driver	bestuurder	
engine	enjin	
garage	motorhuis	

harbour	hawe
line	lyn
mechanical	meganies
mobile	mobiele
motor	motor
motorway	snelweg
oil	olie
parking place	parkeerplek
railway	spoorweg
railway station	treinstasie
repair	herstel
route	roete
ship	skip
sign	teken
signal	teken
speed	spoed
station	stasie
taxi	huurmotor
to break	breek

to accelerate	versnel
to achieve	bereik
to arrive	arriveer
to come toward(s)	kom na
to damage	beskadig
to get in	inklim
to get off	afklim
to happen	gebeur
to load	laai
to miss	mis
to release	vrylaat
to repair	herstel
to replace	vervang
to run	hardloop
to stop	stop
to take place	plaasvind
to turn	draai
traffic	verkeer
train	trein

English	Afrikaans	
transportation	vervoer	
truck	trok	
underground	ondergrond	
vehicle	voertuig	
wheel	wiel	

5.2 Direction | Rigting

English	Afrikaans	Writing Practice
back	terug	
corner	hoek	
direct	direk	
direction	rigting	
here	hier	
left	links	
opposite	oorkant	
orientation	oriëntasie	
point	punt	
right	regs	
step	stap	

English	Afrikaans	Writing Practice
street	straat	
there	daar	
to arrive	arriveer	
to drive there	daarheen ry	
to get lost	verdwaal	
to go on	aangaan	
to go there	daarheen gaan	
to look for	soek vir	
to proceed	voortgaan	
to reach	bereik	

5.3 Tourism | Toerisme

English	Afrikaans	Writing Practice
adventure	avontuur	
airline	lugredery	
citizenship	burgerskap	
destination	bestemming	
experience	ervaring	
flight	vlug	

goal	doelwit	
group	groep	
holiday	vakansie	
hotel	hotel	
information	inligting	
journey	reis	
leader	leier	
luggage	bagasie	
on the way	op pad	
opinion	opinie	
passenger	passasier	
pension	pensioen	
plan	plan	
residence	woning	
season	seisoen	
suitcase	tas	
tent	tent	
to accommodate	akkommodeer	
to include	insluit	

to intend	beplan
to make progress	vorder
to pack	pak
to plan	beplan
to return	terugkeur
tour	toer
tourism	toerisme
travel	reis
vacation	vakansie

Let's do vocabulary exercise!

1. Try to match each word to its English translation.

breek	• to repair
benader	• journey
links	• travel
pensioen	• oil
vliegtuig	• train
wiel	• corner
herstel	• to repair
reis	• airplane
olie	• wheel
trein	• to turn
reis	• pension
hoek	• direction
lughawe	• bicycle
beskadig	• airport
herstel	• to damage
draai	• on the left
rigting	• sign
fiets	• to approach
terugkeur	• to return
teken	• to break

2. Solve the crossword puzzle by translating the given words.

							5↓	
		3↓			4↓			
	1→							
	2↓							

1. airport
2. left
3. point
4. car
5. root

			2↓	3↓		4↓		
	1→						5↓	

1. goal
2. travel
3. flight
4. bycicle
5. truck

Week 5: Vocabulary Schedule

DAY 1	DAY 2	DAY 3	DAY 4
air	mild	storm	animal
atmosphere	moon	sun	bear
disaster	pleasant	temperature	biological
celsius	radiation	to change	bird
climate	rain	to dry	blossom
cloud	shadow	to stop	cat
constant	shine	unpleasent	cell
darkness	sky	tropic	classification
fog	snow	wet	cow
light	star	wind	dog

DAY 5	DAY 6	DAY 7	Completion check
environment	rose	available	Day 1 ☐
flower	snake	buyer	Day 2 ☐
horse	substance	selection	Day 3 ☐
native	to eat	customer	Day 4 ☐
leaf	to grow	list	Day 5 ☐
mouse	to protect	market	Day 6 ☐
organism	tree	fund	Day 7 ☐
pig	wild	sale	
plant	wing	shop	
protection	wood	to choose	

6. EDUCATION

6.1 School │ Skool

English	Afrikaans	Writing Practice
academic	akademies	
academy	akademie	
analysis	analise	
assessment	assessering	
attention	aandag	
class	klas	
cognition	kognisie	
department	departement	
education	onderwys	
empirical	empiries	
exchange program	uitruilprogram	
faculty	fakulteit	
institute	instituut	
instruction	instruksie	
lecture	lesing	

method	metode	
methodical	metodies	
primary school	laerskool	
professor	professor	
pupil	leerder	
qualitative analysis	kwalitatiewe analise	
quantitative	kwantitatief	
research	navorsing	
scale	skaal	
range	omvang	
school	skool	
science	wetenskap	
secondary school	hoërskool	
semester	semester	
seminar	seminaar	
student	student	
task	taak	
teacher	onderwyser	

English	Afrikaans	Writing Practice
thesis	tesis	
to appoint	aanstel	
to concentrate	konsentreer	
to be busy with	besig wees met	
to educate	opvoed	
to graduate	gradueer	
to know	weet	
to report	verslag lewer	
to study	leer	
to teach	leer	
to understand	verstaan	
university	universiteit	

6.2 Class │ Klas

English	Afrikaans	Writing Practice
challenge	uitdaging	
chemical	chemikalie	
complete	voltooid	

complex	kompleks	
complicated	ingewikkeld	
conclusion	afsluiting	
concrete	konkreet	
condition	voorwaarde	
correct	korrek	
difference	verskil	
difficult	moeilik	
error, mistake	fout	
essay	opstel	
exam	eksamen	
example	voorbeeld	
excellent	uitstekend	
experiment	eksperiment	
formula	formule	
geography	aardrykskunde	
grade	graad	
history	geskiedenis	
mathematics	wiskunde	

necessary	noodsaaklik
note	nota
opinion	opinie
oral	mondeling
problem	probleem
qualification	kwalifikasie
question	vraag
required	vereis
subject	vak
term	bepaling
to answer	antwoord
to apply	doen aansoek
to assess	assesseer
to be correct	reg wees
to calculate	uitwerk
to complete	voltooi
to define	definieer
to fail (exam)	druip
to find out	uitvind

to improve	verbeter	
to practice	oefen	
to prepare	voorberei	
to strive	streef	
unclear	onduidelik	

6.3 Training | Opleiding

English	Afrikaans	Writing Practice
applicant	aansoeker	
centre	sentrum	
chance	kans	
component	component	
experience	ervaring	
internship	internskap	
job	werk	
perspective	perspektief	
potential	potensiaal	
practical	prakties	
specialist	spesialis	

specific	spesifiek
success	sukses
to arrange	reël
to be suitable	geskik
to change	verander
to change	verander
to provide	voorsien
to specialize	spesialiseer
to train	oplei

Let's do vocabulary exercise!

1. Try to match each word to its English translation.

opstel	▪ semester
kompleks	▪ to arrange
probeer	▪ pupil
instituut	▪ essay
kwalitatief	▪ complex
leerder	▪ institute
verslag lewer	▪ to read
reël	▪ success
verskil	▪ subject
analise	▪ to know
lees	▪ exam
oplei	▪ difficult
sentrum	▪ analysis
semester	▪ geogrpahy
eksamen	▪ to report
weet	▪ to train
ardrykskunde	▪ difference
moeilik	▪ qualitative
vak	▪ to attempt
sukses	▪ centre

2. Solve the crossword puzzle by translating the given words.

	2↓						
			3↓		4↓		
	1→					5↓	

1. student

2. chance

3. success

4. lecture

5. note

		3↓	4↓				
							5↓
	1→ 2↓						

1. formula

2. error

3. school

4. correct

5. job

Week 6: Vocabulary Schedule

DAY 1	DAY 2	DAY 3	DAY 4
academic	instruction	student	challenge
academy	lecture	task	chemical
analysis	method	teacher	complete
assessment	primary school	thesis	complex
attention	pupil	to appoint	conclusion
department	qualitative	to concentrate	condition
education	quantitative	to study	correct
empirical	research	to graduate	difference
faculty	school	to know	difficult
class	science	to report	to be busy with

DAY 5	DAY 6	DAY 7	Completion check
excellent	qualification	to find out	Day 1 ☐
experiment	question	to improve	Day 2 ☐
false	subject	centre	Day 3 ☐
formula	to answer	chance	Day 4 ☐
geography	to apply	component	Day 5 ☐
history	to assess	experience	Day 6 ☐
mathematics	to be correct	internship	Day 7 ☐
mark	to calculate	job	
opinion	to complete	perspective	
problem	to define	potential	

7. HEALTH

7.1 Body | Lyf

English	Afrikaans	Writing Practice
arm	arm	
belly	maag	
body	lyf	
bone	been	
brain	brein	
breast	borste	
ear	oor	
eye	oog	
finger	vinger	
forehead	voorkoop	
hand	hand	
heart	hart	
knee	knie	
leg	been	
lip	lip	

mouth	mond	
muscle	spier	
neck	nek	
nose	neus	
shoulder	skouer	
skin	vel	
stomach	maag	
to care	omgee	
to lose weight	gewig verloor	
to sleep	slaap	
to wash	was	
tongue	tong	
tooth	tand	
voice	stem	

7.2 Health │ Gesondheid

English	Afrikaans	Writing Practice
bacterium	bakterie	
blind	blind	
blood	bloed	
chronic	kronies	
cigarette	sigaret	
drug	dwelm	
fever	koors	
handicapped	gestremd	
health	gesondheid	
illness	siekte	
immune system	immuniteitstelsel	
infection	infeksie	
organic	organies	
pain	pyn	
risk	risiko	
symptom	simptoom	
to break	breek	

English	Afrikaans	Writing Practice
to burn	brand	
to complain	kla	
to die	doodgaan	
to fall	val	
to injure	beseer	
to suffer	ly	
to survive	oorleef	
to treat	behandel	
virus	virus	
wound	wond	

7.3 Medical Care | Mediese sorg

English	Afrikaans	Writing Practice
antibiotic	antibiotika	
artificial	kunsmatig	
balance	balans	
bandage	verband	
breath	asem	
condition	kondisie	

damage	beskadig	
doctor	dokter	
drug	dwelm	
effect	effek	
examination	ondersoek	
hospital	hospitaal	
means	wyse	
medical	medies	
medicine	medikasie	
necessary	noodsaaklik	
operation (surgery)	operasie	
patient	pasiënt	
physical	fisies	
pregnant	swanger	
pressure	druk	
recovery	herstel	
tablet	pil	
therapy	terapie	

tired	moeg	
to activate	aktiveer	
to breathe	asemhaal	
to fall asleep	aan die slaap raak	
to have an effect	om 'n effek te hê	
to prevent	voorkom	
to recover	herstel	
to remove	verwyder	
to rescue	red	
to wake up	wakker word	
torture	marteling	
treatment	behandeling	
weakness	swakheid	
weight	gewig	

Let's do vocabulary exercise!

1. Try to match each word to its English translation.

oor	• finger
was	• doctor
val	• shoulder
fisies	• foot
verband	• pain
swanger	• body
effek	• fever
behandeling	• to fall
gestremd	• to wash
koors	• ear
borste	• handicapped
maag	• breast
wond	• wound
lyf	• belly
voet	• bandage
dokter	• pregnant
pyn	• treatment
skouer	• effect
vinger	• physical

2. Solve the crossword puzzle by translating the given words.

1. chronic

2. fever

3. wound

4. pain

5. breath

1. bandage

2. blood

3. brain

4. mouth

5. drug

Week 7: Vocabulary Schedule

DAY 1	DAY 2	DAY 3	DAY 4
arm	hand	skin	blood
belly	heart	stomach	chronic
body	knee	to cure	cigarette
bone	leg	to lose wieght	disease
brain	lip	to sleep	drug
breast	mouth	to wash	fever
ear	muscle	tooth	handicapped
eye	neck	voice	health
finger	nose	bacterium	illness
forehead	shoulder	blind	immune system

DAY 5	DAY 6	DAY 7	Completion check
infection	to injure	doctor	Day 1 ☐
organic	to suffer	drug	Day 2 ☐
pain	virus	effect	Day 3 ☐
risk	wound	hospital	Day 4 ☐
symptom	antibiotic	medical	Day 5 ☐
to break	artificial	operation	Day 6 ☐
to burn	balance	patient	Day 7 ☐
to complain	bandage	pregnant	
to die	breath	pressure	
to fall	damage	tablet; pill	

8. BUREAU

8.1 Administration │ Administrasie

English	Afrikaans	Writing Practice
administration	administrasie	
application	aansoek	
appropriate	gepas	
authority	gesag	
certificate	sertifikaat	
department	departement	
document	dokument	
employment	indiensneming	
formal	formeel	
function	funksie	
identity card	identiteitskaart	
license	lisensie	
list	lys	
office	kantoor	
official	amptelik	
passport	paspoort	

English	Afrikaans	Writing Practice
proof	bewyse	
report	verslag	
restricting	beperkend	
restriction	beperking	
signature	handtekening	
to confirm	bevestig	
to demand	eis	
to identify	indentifiseer	
to make easier	maak makliker	
to prove	bewys	
to refuse	weier	
to register	registreer	
to sign	teken	

8.2 Social │ Sosiaal

English	Afrikaans	Writing Practice
basis	basis	
call	bel	
cause	oorsaak	

complaint	klagte	
deadline	sperdatum	
donation	donasie	
foundation	fondament	
help	hulp	
information	inligting	
initiative	inisiatief	
letter	brief	
measure	maatstaf	
negotiation	onderhandeling	
placement	plasing	
post office	poskantoor	
recipient	ontvanger	
request	versoek	
service	diens	
social	sosiaal	
support	ondersteun	
to announce	aankondig	
to declare	verklaar	

to delete	verwyder	
to help	help	
to hurry	gou maak/haas	
to inform	inlig	
to pay attention	aandag skenk	
to receive	ontvang	
to request	versoek	
to send	stuur	

8.3 Telecommunication | Telekommunikasie

English	Afrikaans	Writing Practice
application	aansoek	
audience	gehoor	
automatic	outomaties	
button	knoppie	
computer	rekenaar	
connection	konneksie	
data	data	
digital	digitaal	

electronic	elektronies	
forum	forum	
internet	internet	
key	sleutel	
message	boodskap	
monitor	monitor	
network	netwerk	
news	nuus	
online	aanlyn	
operating system	bedryfstelsel	
screen	skerm	
system	sisteem	
technology	tegnologie	
to change	verander	
to connect	konnekteer	
to control	beheer	
to convert	omskakel	
to enable	in staat stel	
to install	installeer	

user	gebruiker	
version	weergawe	

8.4 Police | Polisie

English	Afrikaans	Writing Practice
access	toegang	
detail	detail	
inspection	inspeksie	
police	polisie	
prison	tronk	
prisoner	gevangene	
protection	beskerming	
safety	veiligheid	
suspicion	vermoede	
to arrest	arresteer	
to ask question	vra 'n vraag	
to suspect	vermoed	
to attack	aanval	
to disappear	verdwyn	

to find out	uitvind	
to hide	wegkruip	
to kill	doodmaak	
to pursue	agtervolg	
to secure	beveilig	
to warn	waarsku	
weapon	wapen	
witness	getuienis	

Let's do vocabulary exercise!

1. Try to match each word to its English translation.

poskantoor	• help
skadeloos	• procedure
beheer	• institution
gebruiker	• proof
erdwyn	• to refuse
vermoede	• measure
gevangene	• basis
arresteer	• service
agtervolg	• to disappear
bevestig	• to send
maatreël	• harmless
procedure	• post office
hulp	• to pursue
instituut	• to confirm
bewyse	• to control
stuur	• user
gevanene	• to arrest
diens	• suspicion
beskerming	• prisoner
weier	• protection

2. Solve the crossword puzzle by translating the given words.

			3↓			5↓	
	2↓						
				4↓			
1→							

1. access

2. data

3. letter

4. basis

5. service

2↓						
					5↓	
		4↓				
1→	3↓					

1. key

2. report

3. list

4. call

5. help

Week 8: Vocabulary Schedule

DAY 1	DAY 2	DAY 3	DAY 4
administration	license	to identify	help
application	office	to prove	information
appropriate	official	to report	initiative
authority	passport	to sign	letter
certificate	proof	basis	measure
department	report	call	negotiation
document	restriction	cause	placement
employement	signature	complaint	post office
formal	to confirm	deadline	recipient
identity card	to demand	donation	request

DAY 5	DAY 6	DAY 7	Completion check
service	to receive	internet	Day 1 ☐
social	to send	message	Day 2 ☐
support	to request	network	Day 3 ☐
to announce	application	news	Day 4 ☐
to declare	automatic	online	Day 5 ☐
to delete	computer	operating system	Day 6 ☐
to help	connection	screen	Day 7 ☐
to hurry	data	system	
to to inform	digital	technology	
to pay attention	electronic	to install	

9. SOCIETIES AND POLITICS

9.1 Society | Samelewing

English	Afrikaans	Writing Practice
advanced	gevorderd	
advantage	voordeel	
background	agtergrond	
circumstance	omstandigheid	
citizen	burger	
civic	burgerlik	
commitment	verpligting	
consequence	gevolg	
consideration	oorweging	
critical	krities	
criticism	kritiek	
culture	kultuur	
current	huidig	
daily	daagliks	
debate	debat	
disadvantage	nadeel	

diversity	diversiteit	
essential	noodsaaklik	
fact	feit	
financial	finansiëel	
humanity	menslikheid	
implementation	implementering	
integration	integrasie	
intercultural	interkulturele	
majority	meerderheid	
minority	minderheid	
ordinary	gewone	
poverty	armoede	
private	privaat	
problem	probleem	
problematic	problematies	
protest	protes	
public	publiek	
realistic	realisties	
reality	realiteit	

reform	hervorming	
representative	verteenwoordiger	
respect	respek	
society	samelewing	
solidarity	solidariteit	
speech	toespraak	
starting point	beginpunt	
statistics	statistieke	
support	bystand	
temporary	tydelik	
to be based	gebaseer	
to confront	konfronteer	
to contribute	bydra	
to fail	misluk	
to include	insluit	
to intergrate	integreer	
unity	eenheid	

9.2 Politics | Politiek

English	Afrikaans	Writing Practice
agreement	ooreenkoms	
alliance	alliansie	
border	grens	
candidate	kandidaat	
coalition	koalisie	
committee	komitee	
conference	konferensie	
congress	kongres	
connection	konneksie	
democracy	demokrasie	
discovery	ontdekking	
district	distrik	
economic policy	ekonomiese beleid	
election	verkiesing	
embassy	ambassade	
expansion	uitbreiding	
famous	bekend	

finance minister	minister van finansies	
flag	vlag	
freedom	vryheid	
freedom	vryheid	
global	globaal	
government	regering	
governor	goewerneur	
headquarter	hoofkwartier	
human right	mensereg	
internal	intern	
king	koning	
kingdom	koninkryk	
liberal	liberaal	
management	bestuur	
minister	minister	
mission	missie	
nation	nasie	
official	amptelik	

opinion	opinie	
order	orde	
organization	organisasie	
orientation	oriëntasie	
parliament	parlement	
politician	politikus	
politics	politiek	
population	bevolking	
president	president	
refugee	vlugteling	
regime	regime	
rule	heers	
scarce	skaars	
statement	verklaring	
subsidy	subsidie	
surface	oppervlak	
terror	terreur	
to decide	besluit	
to export	uitvoer	

to import	invoer	
to introduce	bekendstel	
to resign	bedank	
to succeed	slaag	
to unite	verenig	
vote	stem	
world	wêreld	

9.3 War | Oorlog

English	Afrikaans	Writing Practice
army	weermag	
bomb	bom	
conflict	konflik	
crisis	krisis	
dangerous	gevaarlik	
free	vry	
military	weermag	
officer	beampte	
peace	vrede	

English	Afrikaans	Writing Practice
strategy	strategie	
to destroy	vernietig	
to intervene	ingryp	
to occupy	beset	
to serve	dien	
to threaten	dreig	
troop	troep	
uniform	uniform	
war	oorlog	
world war	wêreldoorlog	

9.4 Law │ Wetgewing

English	Afrikaans	Writing Practice
civil code	siviele kode	
claim	eis	
court	hof	
dispute	dispuut	
injustice	onreg	
intention	bedoeling	

English	Afrikaans	Writing Practice
judgement	oordeel	
jurisdiction	jurisdiksie	
justice	geregtigheid	
law	wet	
property	eiendom	
regulation	regulasie	
to carry out	uitvoer	
to defend	verdedig	
to enact	instel	
to intensify	verskerp	
to observe	waarneem	
to refuse	weier	
to restrict	beperk	

9.5 Economy | Ekonomie

English	Afrikaans	Writing Practice
advisor	adviseur	
agriculture	landbou	
bond	verband	

capital	kapitaal	
company	maatskappy	
consumer	verbruiker	
cooperation	samewerking	
creditor	skuldeiser	
debtor	debiteur	
deficit	tekort	
economic	ekonomies	
economic situation	ekonomiese situasie	
financial year	finansiële jaar	
fund	fonds	
growth	groei	
industry	industrie	
interest rate	rentekoers	
investor	belegger	
loan	lening	
manufacturer	vervaardiger	
marketing	bemarking	

English	Afrikaans	
national economy	nasionale ekonomie	
production	produksie	
productive	produktief	
profit	wins	
progress	vordering	
raw material	rou materiaal	
resource	hulpbron	
sector	sektor	
share	aandeel	
shareholder	aandeelhouer	
to extend	uitbrei	
to produce	produseer	
trade	handeldryf	

Let's do vocabulary exercise!

1. Try to match each word to its English translation.

wêreld	▪ advisor
vryheid	▪ election
minderheid	▪ officer
bekendstel	▪ candidate
uitvoer	▪ to refuse
verband	▪ troop
nasie	▪ war
oorlog	▪ military
troep	▪ crisis
ooreenkoms	▪ nation
kandidaat	▪ government
weier	▪ debtor
goewerneur	▪ bond
beampte	▪ to introduce
uitvoer	▪ to carry out
krisis	▪ governor
adviseur	▪ agreement
verkiesing	▪ freedom
debiteur	▪ to export
weermag	▪ minority
regering	▪ world

2. Solve the crossword puzzle by translating the given words.

						5↓	
		2↓			4↓		
				3↓			
	1→						

1. support

2. free

3. vote

4. flag

5. border

	2↓			3↓	4↓		5↓
	1→						

1. poverty

2. nation

3. king

4. famous

5. fact

Week 9: Vocabulary Schedule

DAY 1	DAY 2	DAY 3	DAY 4
advantage	diversity	private	temporary
disadvantage	culture	public	allience
citizen	fact	protest	border
civil	financial	realistic	committee
commitment	humanity	reform	conference
consequence	implementation	representative	connection
consideration	integration	respect	democracy
critical	majority	society	economic policy
essential	minority	speech	embassy
daily	poverty	support	famous

DAY 5	DAY 6	DAY 7	Completion check
flag	official	to decide	Day 1 ☐
freedom	organization	to export	Day 2 ☐
global	orientation	to import	Day 3 ☐
government	parliament	to introduce	Day 4 ☐
headquarter	politician	to resign	Day 5 ☐
human rights	politics	to succeed	Day 6 ☐
internal	population	world	Day 7 ☐
liberal	refugee	conflict	
management	rule	crisis	
minister	scarce	military	

10. ENTERTAINMENT

10.1 Event | Gebeurtenis

English	Afrikaans	Writing Practice
audience	gehoor	
available	beskikbaar	
boring	vervelig	
celebration	viering	
characteristic	eienskap	
conclusion	afsluiting	
dance	dans	
end	einde	
entertainment	vermaak	
entry, admission	toegang	
event	gebeurtenis	
exciting	opwindend	
festival	fees	
gift	geskenk	
important	belangrik	
mood	bui	

English	Afrikaans	Writing Practice
occasion	geleentheid	
participation	deelname	
peak	piek	
pleasure	plesier	
to fill	vul	
to leave	verlaat	
to organize	organiseer	
to participate	deelneem	
to succeed	slaag	
to surprise	verras	
unusual	ongewoon	
usual	gewone	
visitor	besoeker	
wedding	troue	

10.2 Museum | Museum

English	Afrikaans	Writing Practice
abstract	abstrak	
aesthetic	esteties	

architecture	argitektuur	
art	kuns	
collection	versameling	
construction	konstruksie	
drawing	tekening	
exhibition	uitstalling	
framework	raamwerk	
gallery	galery	
model	model	
museum	museum	
observer	waarnemer	
opening	opening	
painting	skildery	
remarkable	merkwaardig	
style	styl	
symbol	simbool	
to build	bou	
to design	ontwerp	
to display	uitstal	

10.3 Theater and Cinema │ Teater en Bioskoop

English	Afrikaans	Writing Practice
act	bedryf	
actor	akteur	
cinema	bioskoop	
classical	klassiek	
concert	konsert	
dramatic	dramaties	
effect	effek	
film	film	
hero	held	
jazz	jazz	
opera	opera	
orchestra	orkes	
performance	optrede	
piano	klavier	
production	produksie	
scene	toneel	
sound	klank	

stage	verhoog
theater	teater
to perform	optree
to watch	kyk
unknown	onbekend
well known	welbekend

10.4 Radio and TV | Radio en TV

English	Afrikaans	Writing Practice
advertising	reklame	
author	skrywer	
book	boek	
broadcast	uitsaai	
CD	CD	
chapter	hoofstuk	
comment	kommentaar	
content	inhoud	
distribution	verspreiding	
edition	weergawe	

fairy tale	feeverhaal	
frequency	frekwensie	
library	biblioteek	
literary	literêr	
magazine	tydskrif	
journal	joernaal	
media	media	
newspaper	koerant	
novel	roman	
poem	gedig	
press	pers	
publication	publikasie	
publishing house	uitgewersmaatskappy	
record	plaat	
registration	registrasie	
report	verslag	
series	reeks	
show	vertoning	

		Writing Practice
speaker	spreker	
storyteller	storieverteler	
television	televisie	
to advertise	adverteer	
video	video	
volume	volume	

10.5 Sport | Sport

English	Afrikaans	Writing Practice
aim	mik	
athlete	atleet	
ball	bal	
club	klub	
command	opdrag	
competitor	mededinger	
course	baan	
discipline	dissipline	
effort	moeite	
fan	aanhanger	

football	sokker	
game	spel	
member	lid	
race	resies	
result	uitslag	
risk	risiko	
running	hardloop	
sport	sport	
stadium	stadion	
strength	krag	
sweat	sweet	
team	span	
tennis	tennis	
to climb	klim	
to give up	opgee	
to jump	spring	
to lead	lei	
to qualify	kwalifiseer	
to start	begin	

to sweat	sweet	
to swim	swem	
to train	oefen	
to win	wen	
victory	oorwinning	
winner	wenner	

Let's do vocabulary exercise!

1. Try to match each word to its English translation.

deelneem	• important
bioskoop	• usual
resultaat	• end
belangrik	• event
konstruksie	• result
gewone	• to participate
effek	• entry, admission
konsert	• available
onbekend	• style
gebeurtenis	• construction
einde	• esthetic
toegang	• gallery
styl	• effect
klank	• cinema
moeite	• stage
aanhanger	• sound
galery	• concert
beskikbaar	• unknown
verhoog	• fan
esteties	• effort

2. Solve the crossword puzzle by translating the given words.

1. entry

2. wedding

3. gallery

4. dance

5. sound

1. consert

2. art

3. festival

4. hero

5. opera

Week 10: Vocabulary Schedule

DAY 1	DAY 2	DAY 3	DAY 4
audience	festival	to organize	construction
available	gift	to participate	drawing
boring	important	to surprise	exhibition
celebration	mood	visitor	museum
characteristics	occasion	wedding	observer
conclusion	participation	abstract	opening
dance	peak	aesthetic	painting
end	pleasure	arcitecture	remarkable
entertainment	to fill	art	style
entry	to leave	collection	symbol

DAY 5	DAY 6	DAY 7	Completion check
to build	orchestra	well known	Day 1 ☐
to design	performance	advertising	Day 2 ☐
to display	piano	author	Day 3 ☐
act	production	book	Day 4 ☐
actor	scene	chapter	Day 5 ☐
classical	sound	comment	Day 6 ☐
concert	stage	content	Day 7 ☐
dramatic	theater	distribution	
film	to perform	journal	
opera	to watch	library	

11. FOOD

11.1 Food | Kos

English	Afrikaans	Writing Practice
alcohol	alkohol	
apple	appel	
beer	bier	
bread	brood	
butter	botter	
cheese	kaas	
coffee	koffie	
egg	eier	
fig	vy	
fish	vis	
fruit	vrugte	
ice cream	roomys	
meat	vleis	
milk	melk	
onion	ui	
potato	aartappel	

English	Afrikaans	Writing Practice
salt	sout	
seed	saad	
sugar	suiker	
tea	tee	
vegetables	groente	
wine	wyn	

11.2 Eating and Drinking │ Eet en Drink

English	Afrikaans	Writing Practice
bitter	bitter	
bottle	bottel	
breakfast	ontbyt	
cold	koud	
diet	dieet	
dish	dis	
enough	genoeg	
food	kos	
hot	warm	
knife	mes	

organic	organies	
oven	oond	
plate	bord	
reservation	bespreking	
restaurant	restaurant	
sweet	soet	
to bake	bak	
to be sufficient	voldoende	
to cook	kook	
to drink	drink	
to eat	eet	
to enjoy	geniet	
to order	bestel	
to serve	bedien	

Let's do vocabulary exercise!

1. Try to match each word to its English translation.

botter	▪ to serve
vleis	▪ onion
ui	▪ egg
dieet	▪ food
eet	▪ butter
sout	▪ to order
bedien	▪ tea
drink	▪ meat
vitamien	▪ seed
alkohol	▪ cheese
groente	▪ diet
eier	▪ fig
bestel	▪ potato
mes	▪ to eat
bier	▪ salt
kaas	▪ beer
aartappel	▪ to drink
vy	▪ knife
saad	▪ vitamin
tee	▪ alcohol
kos	▪ vegetables

2. Solve the crossword puzzle by translating the given words.

1. alcohol
2. seed
3. cold
4. plate
5. sweet

1. vegetable
2. salt
3. wine
4. tea
5. beer

Week 11: Vocabulary Schedule

DAY 1	DAY 2	DAY 3	DAY 4
alcohol	fruit	vegetable	hot
apple	ice cream	wine	knife
beer	meat	bitter	organic
bread	milk	bottle	oven
butter	onion	breakfast	plate
cheese	potato	cold	reservation
coffee	salt	diet	restaurant
egg	seed	dish	sweet
fig	sugar	enough	to be sufficient
fish	tea	food	to cook

DAY 5	DAY 6	DAY 7	Completion check
to drink	to lead	to sing	Day 1 ☐
to eat	to learn	to speak	Day 2 ☐
to enjoy	to like	to stand	Day 3 ☐
to order	to live	to stay	Day 4 ☐
to serve	to love	to stop	Day 5 ☐
to choose	to name	to take	Day 6 ☐
to come	to play	to tell	Day 7 ☐
to drive	to put	to think	
to go	to read	to try	
to have	to run	to work	

12. GENERAL WORDS

12.1 Color │ Kleur

English	Afrikaans	Writing Practice
black	swart	
blue	blou	
colorful	kleurvol	
green	groen	
grey	grys	
orange	oranje	
purple	pers	
red	rooi	
white	wit	
yellow	geel	

12.2 Shape │ Vorm

English	Afrikaans	Writing Practice
bottom	bodem	
circle	sirkel	
long	lank	

English	Afrikaans	Writing Practice
narrow	smal	
peak	piek	
point	punt	
round	rond	
short	kort	
tall	lank	
high	hoog	
top	bopunt	
wide	wyd	

12.3 Time and Calender │ Tyd en Kalender

English	Afrikaans	Writing Practice
yesterday	gister	
today	vandag	
year	jaar	
time	tyd	
moment	oomblik	
future	toekoms	
date	datum	

evening	aand	
morning	oggend	
January	Januarie	
February	Februarie	
March	Maart	
April	April	
May	Mei	
June	Junie	
July	Julie	
August	Augustus	
September	September	
October	Oktober	
November	November	
December	Desember	
Monday	Maandag	
Tuesday	Dinsdag	
Wednesday	Woensdag	
Thursday	Donderdag	
Friday	Vrydag	

English	Afrikaans	Writing Practice
Saturday	Saterdag	
Sunday	Sondag	
month	maand	
day	dag	
hour	uur	
week	week	
summer	somer	
autumn	herfs	
winter	winter	
spring	lente	
now	nou	
short term	korttermyn	
long term	langtermyn	

12.4 Most Useful Verbs │ Nuttigste werkwoorde

English	Afrikaans	Writing Practice
to work	werk	
to receive	ontvang	
to exist	bestaan	

to stay, to remain	bly	
to need	benodig	
to bring	bring	
to take	neem	
to think	dink	
to allow	toelaat	
to tell	vertel	
to drive	ry	
to find	vind	
to ask	vra	
to lead	lei	
to give	gee	
to go	gaan	
to believe	glo	
to have	het	
to stop	stop	
to name	benoem	
to call	bel	
to know	weet	

to come	kom	
to live	leef	
to learn	leer	
to do	doen	
to make	maak	
to like	hou van	
to say	sê	
to see	sien	
to be	wees	
to put	plaas	
to play	speel	
to speak	praat	
to stand	staan	
to understand	verstaan	
to try	probeer	
to want	wil hê	
to show	wys	
to love	liefhê	
to run	hardloop	

to eat	eet	
to scream	skree	
to cry	huil	
to laugh	lag	
to choose	kies	
to read	lees	
to sing	sing	

Week 12: Vocabulary Schedule

DAY 1	DAY 2	DAY 3	DAY 4
black	bottom	wide	March
blue	circle	yesterday	April
colorful	long	today	May
green	narrow	time	June
orange	peak	moment	July
gray	point	date	August
purple	round	evening	September
red	short	morning	October
white	tall	January	November
yellow	top	February	December

DAY 5	DAY 6	DAY 7	Completion check
Monday	minute	to allow	Day 1 ☐
Tuesday	second	to ask	Day 2 ☐
Wednesday	week	to be	Day 3 ☐
Thursday	summer	to believe	Day 4 ☐
Friday	autumn	to bring	Day 5 ☐
Saturday	winter	to call	Day 6 ☐
Sunday	spring	to meet	Day 7 ☐
month	now	to find	
day	short term	to laugh	
hour	long term	to exist	

10
SHORT
STORIES
IN AFRIKAANS

Story 1 🔊

My naam is Braam.

My name is Braam.

Hallo. My **naam** is Braam. Ek is vijftien jaar. **Ek bly** in Pretoria saam my **familie**. Ek geniet dit om tyd in die **biblioteek** te spandeer. **Biologie, Fisika** en **Geografie** is my gunsteling vakke op school. Ek wil graag **mediese wetenskappe** studeer aan een van die gesogte universiteite in die Verenigde State. My gunsteling aktiwiteite om in my **vrye tyd** te doen, is klavier speel en **vrywilligerswerk** doen.

die naam	name
ek bly	I live
die familie	family
die biblioteek	library
Biologie	Biology
Fisika	Chemistry
Geografie	Geography
mediese wetenskappe	medical science
die vrye tyd	leisure
die vrywilligerswerk	volunteering

A. Vocabulary 📖

This is a copy of the original story. Fill the blank with missing words from the box.

vijftien	wetenskappe	Verenigde	naam
familie	Geografie	aktiwiteite	gesogte
biblioteek	gunsteling	vrywilligerswerk	doen

Hallo. My _____ is Braam. Ek is _____ jaar. Ek bly in

Pretoria saam my _____. Ek geniet dit om tyd in die _____

te spandeer. Biologie, Fisika en _____ is my _____ vakke

op school. Ek wil graag mediese _____ studeer aan

een van die _____ universiteite in die _____ State. My

gunsteling _____ om in my vrye tyd te _____, is klavier

speel en _____ doen.

B. Speaking Practice 🎤

Vertel oor jou vrye tyd aktiwiteite!
(Tell us about your leisure activities!)

C. Writing Practice ✏️

Practice 1: Waar bly Braam?
(*Where does Bram live?*)

Practice 2: Wat is sy gunsteling vakke?
(*What are his favourite subjects?*)

Practice 3: Wat wil Braam graag gaan studeer aan die universiteit? (*What does Bram want to study at the university?*)

Practice 4: Wat is sy gunsteling vrye tyd aktiwiteite?
(*What is his favorite leisure activities?*)

YOUR NOTES: VOCABULARY

YOUR NOTES: GRAMMAR AND SENTENCES

Story 2 🔊

My familie

My family

My naam is Pieter. Ons is vyf mense in my familie. My **pa** se naam is Kees. Hy is vyfenveertig jaar. Hy is 'n **tandarts**. My **ma** se naam is Maria. Sy is veertig jaar. Sy is 'n **rekenmeester**. Ek het 'n **broer** en 'n **suster**. My broer is negentien jaar oud. Sy naam is Dirk. Hy wil **mediese dokter** word. My suster se naam is Veronica. Veronica is vyftien jaar oud. Sy wil **onderwyser** word. Ek het **grootouers**. Hulle bly in Bloemfontein. Hulle name is Victor en Johanna. Hulle is **pensioenarisse**.

die pa	father
die tandarts	dentist
die ma	mother
die rekenmeester	accountant
die broer	brother
die suster	sister
die mediese dokter	doctor
die onderwyser	teacher
die grootouers	grandparents
die pensioenarisse	pensioners

A. Vocabulary 📖

This is a copy of the original story. Fill the blank with missing words from the box.

veertig	negentien	onderwyser	suster
vyfenveertig	mediese	grootouers	tandarts
mense	rekenmeester	pensioenarisse	jaar

My naam is Pieter. Ons is vyf _____ in my familie. My pa se naam is Kees. Hy is _____ jaar. Hy is 'n _____. My ma se naam is Maria. Sy is _____ jaar. Sy is 'n _____. Ek het 'n broer en 'n _____. My broer is _____ jaar oud. Sy naam is Dirk. Hy wil _____ dokter word. My suster se naam is Veronica. Veronica is vyftien _____ oud. Sy wil _____ word. Ek het _____ . Hulle bly in Bloemfontein. Hulle name is Victor en Johanna. Hulle is _____.

B. Speaking Practice 🎤

Vertel oor jou familie!
(Tell us about your family!)

C. Writing Practice

Answer the following questions.

Practice 1: Wie is Kees?
(Who is Kees?)

Practice 2: Wie is Maria?
(Who is Maria?)

Practice 31: Het Pieter 'n broer?
(Does Pieter have brother?)

Practice 4: Het Pieter 'n suster?
(Does Pieter have sister?)

YOUR NOTES: VOCABULARY

YOUR NOTES: GRAMMAR AND SENTENCES

Story 3 🔊

Ons huis

Our house

Ek is Alex. Ek bly saam my familie in 'n pragtige huis. Ek sal my

huis **beskryf**. Daar is 'n mooi **tuin** op die perseel. Ons het baie

blomme en 'n aantal **bome** in die tuin. **Tuinmaak** is my **ouers** se

stokperdjie. Ons **vriende** en **bure** kom gereeld kuier. Ons bring

graag tyd saam hulle deur in die tuin.

beskryf	describe
die tuin	garden
die blomme	flowers
die bome	trees
tuinmaak	gardening
die ouers	parents
die stokperdjie	hobby
die vriende	friends
die bure	neighbours

Ons **huis** is groot. Daar is 'n **woonkamer**, drie **slaapkamers**,

twee **badkamers**, 'n **kombuis** en 'n **wynkelder** in die huis. Die

sitkamer is redelik groot. Daar is 'n gemaklike bank, tafel en 'n

vloerlamp in die sitkamer. Ons het 'n mat op die vloer.

die huis	house
die sitkamer	living room
die slaapkamer	bedroom
die badkamer	bathroom
die wynkelder	wine cellar
die kombuis	kitchen

Daar is 'n kombuis naby die sitkamer. Die kombuis is die middelpunt van die huis. Ons kook graag verskillende **resepte** saam. Daar is 'n **skottelgoedwasser, yskas, oond en kas** in die kombuis. Die **wasmasjien** is in die kelder.

die resepte	receipes
die skottelgoedwasser	dishwashing machine
die yskas	fridge
die oond	oven
die kas	cupboard
die wasmasjien	laundry machine

A. Vocabulary 📖

This is a copy of the original story. Fill the blank with missing words from the box.

perseel	gereeld	wynkelder	graag	vriende
beskryf	stokperdjie	woonkamer		redelik
familie	blomme	badkamers	huis	tuin

Ek is Alex. Ek bly saam my _____ in 'n pragtige huis. Ek sal

my huis _____. Daar is 'n mooi tuin op die _____. Ons het baie

_____ en 'n aantal bome in die ____. Tuinmaak is my ouers se

_____. Ons _____ en bure kom _____ kuier. Ons bring

_____ tyd saam hulle deur in die tuin. Ons ____ is groot. Daar

is 'n _____ , drie slaapkamers, twee _____, 'n kombuis

en 'n _____ in die huis. Die sitkamer is _____ groot.

B. Speaking Practice 🎤

Beskryf jou woonstel/huis!
(Describe your flat/house!)

149

C. Writing Practice

Answer the following questions.

Practice 1: Wat maak Alex se familie graag?
(*What Alex's family like to do?*)

Practice 2: Watter tiepe van kamers is daar in die huis?
(*What kind of rooms are there in the house?*)

Practice 3: Watter dinge is daar in die sitkamer?
(*What objects are in the living room?*)

Practice 4: Watter dinge is daar in die kombuis?
(*What objects are in the kitchen?*)

YOUR NOTES: VOCABULARY

YOUR NOTES: GRAMMAR AND SENTENCES

Story 4 🔊

My daaglikse roetine

My daily routine

My naam is Riaan. Gewoonlik staan ek ses uur **in die oggend** op. Dan stort ek, drink koffie, eet **ontbyt** en trek my klere aan. Ek is 'n onderwyser. My werk begin om agt uur in die oggend. Ek moet half agt by die **busstasie** wees. Dit vat omtrent twintig minute om by die skool te kom.

in die oggend	in the morning
die ontbyt	breakfast
die busstasie	bus station

Ek werk by 'n laerskool. My werk is baie **dinamies**. **Kinders** leer deur **spelletjies**. Daarom beplan en organiseer die onderwysers verskillende spelletjies vir die kinders. Gewoonlik berei ons 'n lesplan voor vir die volgende dag.

dinamies	dynamic
die kinders	children
die spelletjies	games

Ek verlaat die skool om vier uur en gaan dan reguit na die gimnasium. Na my aand etes gaan ek uit en sien ek my vriende. Gewoonlik kyk ons na 'n fliek of stap ons deur die stad. Ek gaan slaap omtrent half elf en staan vroeg op. Dit is gewoonlik my daaglikse roetine.

ek verlaat	I leave
die gimnasium	gym
die aand etes	dinner
die fliek	movie
stap	walk
die stad	city
slaap	sleep
daagliks roetine	daily routine

A. Vocabulary 📖

This is a copy of the original story. Fill the blank with missing words from the box.

onderwyser	busstasie	kinders	skool
koffie	oggend	dinamies	spelletjies
oggend	omtrent	laerskool	onderwysers

My naam is Riaan. Gewoonlik staan ek ses uur in die _____ op.

Dan stort ek, drink _____, eet ontbyt en trek my klere aan. Ek is

'n _____ . My werk begin om agt uur in die _____. Ek moet

half agt by die _____ wees. Dit vat _____ twintig

minute om by die _____ te kom. Ek werk by 'n _____. My

werk is baie _____ . _____ leer deur spelletjies.

Daarom beplan en organiseer die _____ verskillende

_____ vir die kinders.

B. Speaking Practice 🎤

Beskryf jou daaglikse roetine!
(Describe your daily routine!)

C. Writing Practice

Answer the following questions.

Practice 1: Wat maak Riaan in die oggend?
(*What does Riaan do in the morning?*)

Practice 2: Waar werk hy?
(*Where does he work?*)

Practice 3: Wat maak hy by sy werk?
(*What does he do at work?*)

Practice 4: Wat maak hy gewoonlik na sy werk?
(*What does he usually do after work?*)

YOUR NOTES: VOCABULARY

YOUR NOTES: GRAMMAR AND SENTENCES

Story 5 🔊

Somer vakansie

Summer holiday

Hi. Ek is Andre. **Somer** is my gunsteling **seisoen**. Ek het laas jaar my **somer vakansie** in **Turkye** deur gebring. Turkye is 'n **gewilde** somer vakansie **bestemming**. In Juli was ons in Antalya. Antalya is een van die toeristiese stede in Turkye. Ek hou van die Turkse kookkuns en **gasvryheid**. Ek het nuwe vriende in Turkye gekry. Daarom wil ek hierdie somer weer na Turkye reis.

die somer vakansie	summer vacation
die somer	summer
die seisoen	season
Turkye	Turkey
gewild	popular
die bestemming	destination
die gasvryheid	hospitality

Teen die einde van ons vakansie in Turkye het ons **besluit** om my grootouers te **besoek**. Hulle bly in Espoo, 'n stad in **Finland**. Ek kuier graag by my grootouers. Die **natuur** in Finland is baie divers. Ek het deur 'n groot park **gery** en langs die pad 'n bietjie (wilde) vrugte ingesamel. Die **natuurskoon** is pragtig en daar is verskillende **aktiwiteite** in Finland. Ek het wonderlike **herinneringe** van my laaste somer vakansie.

besluit	decided
besoek	visit
die natuur	nature
Finland	Finland
gery	cycled
die natuurskoon	scenery
die aktiwiteite	activities
die herinneringe	memories

A. Vocabulary 📖

This is a copy of the original story. Fill the blank with missing words from the box.

gebring	bestemming	grootouers	einde
vakansie	toeristiese	hierdie	gewilde
gunsteling	kookkuns	besluit	vriende

Hi. Ek is Andre. Somer is my _____ seisoen. Ek het laas jaar

my somer _____ in Turkye deur _____. Turkye is 'n _____

somer vakansie _____. In Juli was ons in Antalya. Antalya is

een van die _____ stede in Turkye. Ek hou van die Turkse

_____ en gasvryheid. Ek het nuwe _____ in Turkye

gekry. Daarom wil ek _____ somer weer na Turkye reis.

Teen die _____ van ons vakansie in Turkye het ons _____

om my _____ te besoek.

B. Speaking Practice 🎤

Beskryf een van jou somer vakansies!
(Describe one of your summer holidays!)

163

C. Writing Practice

Answer the following questions.

Practice 1: Wat is Andre sy gunsteling seisoen in die jaar?
(*What is Andre's favorite season of the year?*)

Practice 2: Waarvan hou hy in Turkye?
(*What does he like in Turkey?*)

Practice 3: Hoekom het hy Finland toe gegaan?
(*Why did he go to Finland?*)

Practice 4: Wat het hy in Finland gedoen?
(*What was he doing in Finland?*)

YOUR NOTES: VOCABULARY

YOUR NOTES: GRAMMAR AND SENTENCES

Story 6 🔊

Die familie Jordaan

The family Jordaan

Hallo. My naam is Charlene. Ek wil jou vertel van my **familie**. Ons is die familie Jordaan. Daar is ses **mense** in my familie - my pa en ma, twee broers - Koos en Jaco, en my suster Elmarie. Ek het grootouers, twee **tannies** en 'n **oom**. My ma se naam is Maryke. Sy is my inspirasie. Sy is baie vriendelik. Haar hoof stokperdjie is tuinmaak. Sy luister ook graag na **klassieke musiek**.

die mense	people
die familie	family
die tannies	aunts
die oom	uncle
die klassieke musiek	classical music
ondersteun	supports

My pa se naam is Ruan. Hy het bruin oë en hare. Hy werk in 'n bank. Hy is dikwels baie besig. My pa **ondersteun** my altyd.

My broer se naam is Koos. Hy het bruin oë en kort bruin **hare**.

Hy wil spesialiseer in rekenaarwetenskap aan die **universiteit**.

Koos speel graag **kitaar**. Jaco gaan nog hoërskool toe. Hy speel

sokker. Sy gunsteling sokkerspeler is Steven Pienaar.

die hare	hair
die universiteit	university
die kitaar	guitar
sokker	soccer

My suster se naam is Elmarie. Sy is die **jongste** in ons familie.

Duits, **Wiskunde** en **Musiek** is haar gunsteling vakke op skool.

Elmarie wil in die **toekoms** mediese dokter word.

jongste	youngest
Duits	German
Wiskunde	mathemetics
Musiek	music
die toekoms	future

A. Vocabulary 📖

This is a copy of the original story. Fill the blank with missing words from the box.

suster	grootouers	bruin	werk	twee
mense	vriendelik	klassieke		familie
vertel	inspirasie	stokperdjie	naam	ook

Hallo. My _____ is Charlene. Ek wil jou _____ van my familie. Ons is die _____ Jordaan. Daar is ses _____ in my familie - my pa en ma, _____ broers - Koos en Jaco, en my _____ Elmarie. Ek het _____ , twee tannies en 'n oom. My ma se naam is Maryke. Sy is my _____ . Sy is baie _____ . Haar hoof _____ is tuinmaak. Sy luister ____ graag na _____ musiek. My pa se naam is Ruan. Hy het _____ oë en hare. Hy _____ in 'n bank.

B. Speaking Practice 🎤

Beskryf jou familie.
(Describe your family.)

C. Writing Practice 📝

Answer the following questions.

Practice 1: Van wat hou Maryke?
(What does Maryke like?)

Practice 2: Waar werk Ruan?
(Where does Ruan work?)

Practice 3: Vertel oor Koos.
(Talk about Koos.)

Practice 4: Vertel oor Elmarie.
(Talk about Elmarie.)

Story 7 🔊

Daaglikse roetine van 'n boer

A farmer's daily routine

Daar is baie **dorpies** in Suid Afrika. Een van die is Magaliesburg.

Magaliesburg is honderd kilometer van die stad Pretoria geleë.

Die dorpie het skoon lug en water. Jan en sy familie bly in hierdie

dorpie. Jan is 'n **boer**. Hulle het 'n groot **plaas**. Daar is tien beeste,

dertig skape, tien bokke, twee perde en baie henne op die plaas.

Jan en Marie is baie **hardwerkende** mense.

die dorpies	villages
die boer	farmer
die plaas	farm
hardwerkend	hardworking

Hul daaglikse roetine begin vroeg in die oggend. Hulle word ses

uur wakker. Hulle **melk die beeste** vroeg in die oggend. Hulle

maak gewoonlik **kaas, karringmelk** en geklopte **room** van melk

en verkoop dit op 'n boeremark. Die gesin geniet saam hul **ontbyt**.

Hulle het gereeld **eier, heuning,** kaas, **brood,** tee en melk vir

ontbyt.

173

Jan en sy vrou plant organiese vrugte en groente. Hulle het verskillende soorte **vrugtebome** in die tuin. Marie maak **lekker** konfyt van die vrugte. Hulle plant tamatie, komkommer, boontjies, peper, ui, knoffel, aartappel, wortel en rooi beet op die plaas. Hul **seun** Pieter help hulle baie met hul daaglikse werk.

melk die beeste	milking the cows
die kaas	cheese
die karringmelk	sour milk
die room	cream
die ontbyt	breakfast
die eier	eggs
die heuning	honey
die brood	bread
die vrugtebome	fruit trees
lekker	tasty
die seun	son

A. Vocabulary 📖

This is a copy of the original story. Fill the blank with missing words from the box.

dorpies	beeste	oggend	wakker	stad
honderd	water	daaglikse	henne	boer
skoon	hierdie	hardwerkende	perde	vroeg

Daar is baie _____ in Suid Afrika. Een van die is Magaliesburg.

Magaliesburg is _____ kilometer van die _____ Pretoria

geleë. Die dorpie het _____ lug en _____ . Jan en sy familie bly

in _____ dorpie. Jan is 'n _____. Hulle het 'n groot plaas. Daar

is tien _____, dertig skape, tien bokke, twee _____ en baie

_____ op die plaas. Jan en Marie is baie _____ mense.

Hul _____ roetine begin _____ in die _____. Hulle word

ses uur _____.

B. Speaking Practice 🎤

Beskryf die daaglikse roetine van 'n boer.
(Desribe the daily routine of a farmer.)

C. Writing Practice 📝

Answer the following questions.

Practice 1: Waar is Magaliesburg geleë?
(Where is Magaliesburg located?)

Practice 2: Wat maak Jane n Marie in die vroeg oggend?
(What do Jan and Marie do in early morning?)

Practice 3: Wat maak hulle van die vrugte?
(What do they make from fruit?)

Practice 4: Wat plant hulle op hul plaas?
(What do they plant in their farm land?)

YOUR NOTES: VOCABULARY

YOUR NOTES: GRAMMAR AND SENTENCES

Story 8 🔊

Anna van Duitsland

Anna from Germany

Anna is van Rome. Rome is die **hoofstad** van Italië. Hierdie somer neem sy deel aan 'n **taalkursus** in Heidelberg. Dit is 'n **universiteit stad** in die suidweste van **Duitsland**. Sy geniet die taalkursus baie. Die kursus begin om nege uur in die oggend en eindig om drie uur. Daar is veertien **studente** in haar klas. Nege is **seuns**, vyf is **meisies**. Hulle is almal van **Italië**.

die hoofstad	capital
die taalkursus	language course
die universiteit stad	university town
die studente	students
Italië	Italy
Duitsland	Germany
die seuns	boys
die meisies	girls

Anna se vriend Andreas neem ook deel aan die taalkursus. Hy is in Hamburg. Hamburg is 'n groot stad in die noorde van Duitsland. As hulle **hoërskool** voltooi, wil hulle in Duitsland **studeer**. Anna wil mediese dokter word. Andreas wil **ingenieurswese** studeer. Sy **ouers** is albei **tegnici**. Aan die einde van die kursus moet hulle 'n **eksamen** in die Duitse taal aflê.

die hoërskool	high school
studeer	study
ingenieurswese	engineering
die ouers	parents
die tegnici	engineers
die eksamen	exam

A. Vocabulary 📖

This is a copy of the original story. Fill the blank with missing words from the box.

hoofstad	studente	noorde	neem	groot
taalkursus	suidweste	almal	seuns	vriend
universiteit	oggend	begin	geniet	somer

Rome is die _____ van Italië. Hierdie _____ neem sy deel aan 'n _____ in Heidelberg. Dit is 'n _____ stad in die _____ van Duitsland. Sy _____ die taalkursus baie. Die kursus _____ om nege uur in die _____ en eindig om drie uur. Daar is veertien _____ in haar klas. Nege is _____, vyf is meisies. Hulle is _____ van Italië. Anna se _____ Andreas _____ ook deel aan die taalkursus. Hy is in Hamburg. Hamburg is 'n _____ stad in die _____ van Duitsland.

B. Speaking Practice 🎤

Wat is jou gunsteling tale?
(What are your favorite languages?)

C. Writing Practice 📝

Answer the following questions.

Practice 1: Van waar is Anna?
(*Where does Anna come from?*)

Practice 2: Wat maak sy in Heidelberg?
(*What does she do in Heidelberg?*)

Practice 3: Hoeveel studente doen die taalkursus?
(*How many students are in the language course?*)

Practice 4: Wat wil Andreas studeer?
(*What does Andreas want to study?*)

YOUR NOTES: VOCABULARY

YOUR NOTES: GRAMMAR AND SENTENCES

Story 9 🔊

By die dokter

At the doctor's

Dit is vroeg in die lente. Baie mense kry **verkoue**. Twee weke terug het ek skielik **siek** gevoel. Genies en seer keel gehad. Ek het ook hoofpyn gehad en moes hoes. My heel lyf het seer gekry. My ma het vir my **warm tee** gemaak. Maar dit het nie rerig gehelp nie. Daar was glad nie **pille** by die huis nie. My ma het 'n dokter **gebel**. Die dokter het gekom. Hy het my **longe** ondersoek en die **temperatuur** gemeet. Hy het vir my gesê ek het **griep**. Ek moes in die bed bly en rus. Hy het vir my 'n **behandeling** voorgeskryf. My ma het die benodigde pille **gekoop**. Ek het al die dokter se **instruksies** gevolg. In nege dae het ek heeltemal **herstel** en ek is terug skool toe.

verkoue	cold
siek	ill
die warm tee	hot tea
die pille	pills
gebel	called
die longe	lungs

die temperatuur	temperature
die griep	flu
die behandeling	treatment
gekoop	purchased
die instruksies	instructions
herstel	recovered

A. Vocabulary 📖

This is a copy of the original story. Fill the blank with missing words from the box.

hoofstad	studente	noorde	neem	groot
taalkursus	suidweste	almal	seuns	vriend
universiteit	oggend	begin	geniet	somer

Dit is vroeg in die lente. Baie mense kry verkoue. Twee weke terug het ek skielik siek gevoel. Genies en seer keel gehad. Ek het ook hoofpyn gehad en moes hoes. My heel lyf het seer gekry. My ma het vir my warm tee gemaak. Maar dit het nie rerig gehelp nie. Daar was glad nie pille by die huis nie. My ma het 'n dokter gebel. Die dokter het gekom. Hy het my longe ondersoek en die temperatuur gemeet. Hy het vir my gesê ek het griep. Ek moes in die bed bly en rus. Hy het vir my 'n behandeling voorgeskryf.

B. Speaking Practice 🎤

Wanneer ga jy dokter toe?
(When do you go to the doctor?)

C. Writing Practice ✑

Answer the following questions.

Practice 1: Hoekom het hy dokter toe gegaan?
(*Why did he go to the doctor?*)

Practice 2: Wat het sy ma vir hom gemaak?
(*What did his mother do for him?*)

Practice 3: Wat het die dokter gese dat hy moes doen?
(*What did the doctor tell him to do?*)

Practice 4: Wat het sy ma gekoop vir sy herstel?
(*What did his mother buy for recovery?*)

YOUR NOTES: VOCABULARY

YOUR NOTES: GRAMMAR AND SENTENCES

Story 10 🔊

'n dag in Parys

A day in Paris

My eerste besoek aan Parys was 'n merkwaardige **ervaring.** Dit was 'n wonderlike **gevoel** om in Parys aan te kom en 'n moderne stad met 'n lank **geskiedenis** te sien. Ons het met die trein by Gare du Nord aangekom en 'n taxi na ons hotel geneem. Die kamers was skoon en die ontbyt in die hotel was heerlik gewees.

die ervaring	experience
die gevoel	feeling
die geskiedenis	history

Ons het gerus en toe het ons na die Eiffeltoring gestap. Ons het die geleentheid gekry om langs die pad besigtigings te doen. Die eerste belangrike **gebou** wat ons gesien het, was die Opera Garnier. Dit is 'n pragtige gebou. Ons het heerlike **middag etes** gekry in een van die restaurante met 'n **uitsig** oor die Opera Garnier.

die gebou	building
die middag etes	lunch
die uitsig	view

Ons het verder gestap na die **wêreldberoemde** Louvre museum.

Ons het die museum binne gegaan en baie **kunswerke** gesien.

Die museum is daagliks oop van nege tot ses, behalwe op

Dinsdae.

wêreldberoemd	world famous
die kunswerk	artwork

Na 'n kort breek het ons verder gegaan na die Musee d'Orsay. Die

museum het die grootste **versameling** kunswerke van Claude

Money. Dit was 'n **kort reis** na Parys. Ons het 'n wonderlike tyd

gehad. Ek hou van die straatjies vol **winkeltjies**, **kafees** en

restaurante. Ek het myself belowe om **Frans** te gaan leer en terug

te gaan.

die versameling	collection
die kort reis	short trip
die winkeltjie	little shop
die kafee	café
Frans	French

A. Vocabulary 📖

This is a copy of the original story. Fill the blank with missing words from the box.

besoek	aangekom	gestap	besigtigings
merkwaardige	geskiedenis	heerlik	belangrike
wonderlike	moderne	geneem	gesien ontbyt

My eerste _____ aan Parys was 'n _____ ervaring. Dit was

'n _____ gevoel om in Parys aan te kom en 'n _____stad

met 'n lank _____ te sien. Ons het met die trein by Gare du

Nord _____ en 'n taxi na ons hotel _____. Die kamers was

skoon en die _____ in die hotel was _____ gewees. Ons het

gerus en toe het ons na die Eiffeltoring _____ . Ons het die

geleentheid gekry om langs die pad _____ te doen. Die eerste

_____ gebou wat ons _____ het, was die Opera Garnier.

B. Speaking Practice 🎤

Wat weet jy van Parys?
(What do you know about Paris?)

196

C. Writing Practice

Answer the following questions.

Practice 1: Hoe het hulle by die hotel gekom?
(How did they arrive at the hotel?)

Practice 2: Wat het hulle in Parys gesien?
(What did they see in Paris?)

Practice 3: Wat kan jy sien in die Louvre?
(What can you see in the Louvre?)

Practice 4: Waar kan jy die kunswerke van Claude Money sien?
(Where can you see the artwork of Claude Money?)

YOUR NOTES: VOCABULARY

YOUR NOTES: GRAMMAR AND SENTENCES

Made in United States
Troutdale, OR
05/21/2024

20012465R00116